Ce livre appartient à :

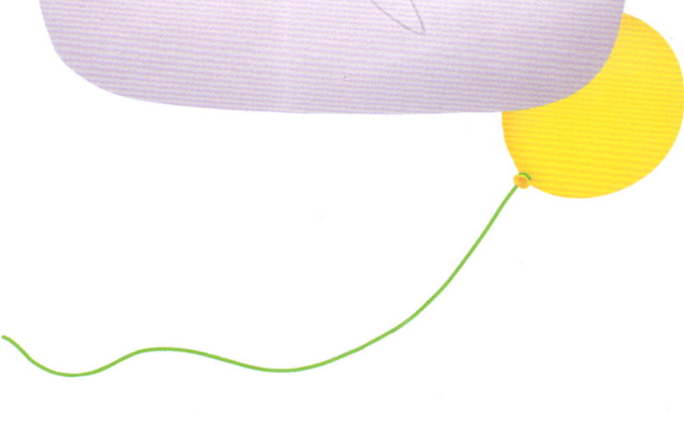

émilie

Le ballon jaune

d'après un personnage de Domitille de Pressensé
mise en page : Guimauv'

Emilie court sur la pelouse

en chantant :

- Vive mon ballon jaune !

Vive mon beau soleil !

- Oh ! Voilà Sidonie.

- Bonjour Emilie, regarde

le beau ballon que maman

m'a rapporté du marché.

Il ressemble à un soleil.

Emilie et Sidonie se mettent

à rire :

- Mais... on a le

même ballon !

À cet instant, leur cousin

Nicolas arrive en criant :

- Attention ! Je suis le dragon

d'or avec sa boule de feu !

Nicolas s'étonne :

- Vous aussi vous avez

un ballon boule de feu !

Emilie et Sidonie rient :

- Non, nous on dit que

ce sont des soleils.

Nicolas est un peu déçu :

- C'est pas amusant d'avoir exactement les mêmes ballons.

Emilie a une idée :

- Et si on leur faisait
une nouvelle tête pour
les rendre différents ?

- Super ! disent les cousins.

- Je dessine une tortue.

- Moi, je fais un hérisson !

- Et moi, un méchant dragon avec des grandes dents très pointues... Nicolas appuie avec son feutre bien fort sur le ballon.

Poum !

Le ballon éclate.

Sidonie se bouche les oreilles

et s'écrie :

- Oh, ça m'a fait peur !

Et elle lâche la ficelle

de son ballon...

Tout doucement,

le ballon s'envole…

Les trois cousins essaient

de le rattraper.

Trop tard !

Le ballon est déjà haut

dans le ciel...

Très déçu, Nicolas soupire :

- Pas de chance !

Maintenant, Sidonie et moi,

on n'a plus de ballon.

Emilie dit :

- Vous pouvez dessiner

une tortue et un dragon

sur mon ballon.

Comme ça, il sera à nous

trois.

Sidonie et Nicolas

dessinent chacun leur tour.

Ils font une nouvelle tortue

beaucoup plus mignonne,

et un nouveau dragon

encore plus méchant.

Les trois cousins

sont très contents.

Leur ballon est bien

plus beau qu'avant !

Jeux

Pour jouer avec Emilie, utilise des crayons de couleur.

Écris les lettres qui manquent pour compléter les trois prénoms des cousins.

Relie le bon mot à son image.

lapin

poisson

hérisson

dragon

dinosaure

tortue

Remets les syllabes en ordre
pour former le bon mot.

ter cla

é

ne cou

si

vo en

ler

Ajoute les bonnes lettres pour trouver ce que disent les cousins.

□ = u

□ = e

□ = o

n□tr□ ball□n

□st □nc□re

pl□s b□a□.

Titres disponibles

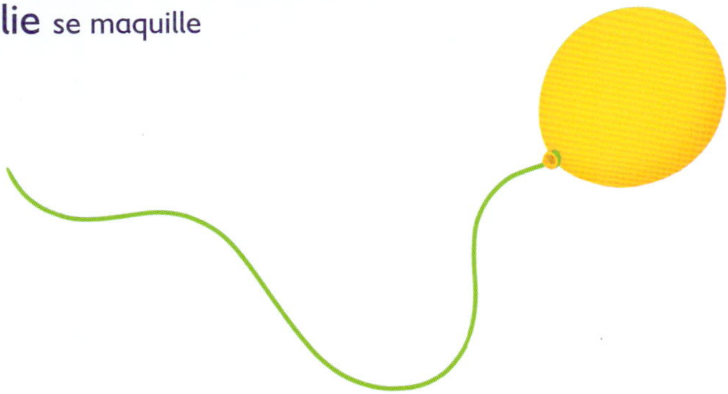

http://www.casterman.com
D'après un personnage créé par Domitille de Pressensé.
D'après la série d'animation Emilie, réalisée par Sandra Derval, adaptée des albums de Domitille de Pressensé, et d'après l'épisode « Emilie et le ballon jaune » écrit par Didier Lejeune

Achevé d'imprimer en mai 2013 en Chine. Dépôt légal : août 2013 ; D. 2013/0053/341.
Déposé au ministère de la Justice, Paris (loi n° 49.956 du 16 juillet 1949 sur les publications destinées à la jeunesse).
ISBN 978-2-203-07505-4
L.10EJDN001254.N001